Caballo gypsy

Grace Hansen

Abdo
CABALLOS
Kids

abdopublishing.com

Published by Abdo Kids, a division of ABDO, P.O. Box 398166, Minneapolis, Minnesota 55439.

Copyright © 2018 by Abdo Consulting Group, Inc. International copyrights reserved in all countries. No part of this book may be reproduced in any form without written permission from the publisher.

Printed in the United States of America, North Mankato, Minnesota.

052017

092017

 THIS BOOK CONTAINS
RECYCLED MATERIALS

Spanish Translator: Maria Puchol

Photo Credits: Alamy, Glow Images, iStock, Minden Pictures, Shutterstock, ©David Muscroft p.11 / Shutterstock.com

Production Contributors: Teddy Borth, Jennie Forsberg, Grace Hansen

Design Contributors: Dorothy Toth, Laura Mitchell

Publisher's Cataloging in Publication Data

Names: Hansen, Grace, author.

Title: Caballo gypsy / by Grace Hansen.

Other titles: Gypsy horses. Spanish

Description: Minneapolis, Minnesota : Abdo Kids, 2018 | Series: Caballos |
    Includes bibliographical references and index.

Identifiers: LCCN 2016963368 | ISBN 9781532102035 (lib. bdg.) |
    ISBN 9781532102837 (ebook)

Subjects: LCSH: Gypsy horses--Juvenile literature. | Spanish language
    materials--Juvenile literature.

Classification: DDC 636.1--dc23

LC record available at http://lccn.loc.gov/2016963368

Contenido

Los caballos gypsy

Los caballos gypsy llaman la atención por dondequiera que pasan. Son caballos hermosos y fuertes.

4

Fueron **criados** hace mucho tiempo por un grupo de personas. A esta gente se les conoce como **gitanos**.

7

Los **gitanos** iban de lugar en lugar con todas sus pertenencias. Los caballos gypsy tiraban de sus carretas con todas las cosas de la familia.

9

Estos caballos **se criaron** para resistir el trabajo duro. Los **gitanos** están muy orgullosos de sus caballos.

Los gypsy son fáciles de identificar. Tienen la crin y la cola largas. Tienen mucho pelo largo y blanco en la parte baja de las patas, se llaman **cernejas** y parecen plumas.

Los gypsy pueden ser de muchos colores y con diferentes **diseños**. Los colores más comunes son el **alazán**, el blanco y el negro.

Los caballos gypsy tienen el lomo corto. Sus **cuartos traseros** son muy musculosos. Tienen las patas fuertes y los cascos grandes.

Usos y personalidad

Hoy en día los caballos gypsy pueden hacer muchas cosas. Son caballos populares para los carruajes. También son buenos en rutas a caballo y en espectáculos.

Estos caballos son inteligentes y resistentes. También son de buen carácter, y por eso, son fáciles de entrenar. Son buenos con gente de todas las edades.

Más datos

- Estos caballos no **se criaron** con la intención de tener **cernejas**. No era lo ideal, ya que se ensucian más fácilmente.

- A los caballos gypsy también se les puede llamar de otras maneras. También se les llama Tinker o Gypsy Vanner; y en inglés, Cobs, Gypsy Cobs o Irish Cobs, entre otros nombres.

- Hay una razón de que este caballo tenga tantos nombres. Los gypsy viajaban con sus dueños por muchos lugares diferentes. Cuando se vendían o criaban en lugares nuevos, a veces se les daba otro nombre.

Glosario

alazán – castaño rojizo.

cernejas – pelo que tienen los caballos en la parte trasera y baja de las patas.

criar – cruzar animales para que tengan una apariencia específica y puedan hacer ciertas cosas.

cuartos traseros – parte trasera de un animal.

diseño – dibujo repetido.

gitano – grupo de gente con cultura semejante y sin lugar fijo para vivir. Se sabe que han vivido en Europa y en las Américas.

23

Índice

abdokids.com

¡Usa este código para entrar en abdokids.com y tener acceso a juegos, arte, videos y mucho más!

Código Abdo Kids:
HGK9275